Todos los libros de Linkgua Ediciones cuentan con modelos de Inteligencia Artificial entrenados por hispanistas. Pregúntale al chat de tu libro lo que desees acerca de la obra o su autor/a.

Para ebooks: Accede a nuestro modelo de IA a través de este enlace.

Para libros impresos: Escanea el código QR de la portada con tu dispositivo móvil.

Obtén análisis detallados de nuestros libros, resúmenes, respuestas a tus preguntas y accede a nuestras ediciones críticas generativas para una experiencia de lectura más enriquecedora.
La transparencia y el respeto hacia la autoría de las fuentes utilizadas son distintivos básicos de nuestro proyecto. Por ello, las respuestas ofrecen, mediante un sistema de citas, las fuentes con las que han sido elaboradas.

José de Espronceda

El estudiante de Salamanca

Barcelona 2024
Linkgua-ediciones.com

Créditos

Título original: El estudiante de Salamanca.

e-mail: info@linkgua.com

Diseño de cubierta: Michel Mallard.

ISBN rústica ilustrada: 978-84-9007-718-4.
ISBN tapa dura: 978-84-9007-719-1.
ISBN rústica: 978-84-96290-51-8.
ISBN ebook: 978-84-9897-226-9.

Sumario

Brevísima presentación

La vida

José de Espronceda (Almendralejo, Badajoz, 1808-Madrid, 1842). España.

Hijo de militar, estudió en el colegio San Mateo de Madrid. Muy joven fundó la sociedad secreta Los numantinos, y por ello fue recluido en el convento de San Francisco de Guadalajara. En 1826 huyó a Lisboa y allí se enamoró de Teresa Mancha, hija de un liberal, a la que siguió a Londres y luego raptó en París, poco después de que ella se casase con un comerciante español.

Intervino en la revolución francesa de 1830 y en la expedición fracasada de Joaquín de Pablo contra el régimen absolutista de Fernando VII. De regreso a España (1832) fundó el periódico El Siglo y fue diputado republicano. Durante su destierro conoció a los autores románticos ingleses, franceses y alemanes, en quienes encontró un estilo más cercano a sus ideas.

El héroe fáustico

Este es el texto más célebre de Espronceda. El personaje de Félix de Montemar, de personalidad fáustica, se inspira en la leyenda de don Juan Tenorio. Este es un terrorífico relato en el que se percibe la influencia de Lord Byron y de la novela gótica inglesa. El héroe desafía a los poderes divinos.

Espronceda perteneció a los numantinos una sociedad secreta que pretendía matar a Fernando VII y acabar con el absolutismo. Usaban capas negras y máscaras y este ambiente aparece reflejado en su obra.

Personajes

Don Diego de Pastrana
Don Félix de Montemar
Seis jugadores

Parte I

Sus fueros, sus bríos,
sus premáticas, su voluntad.
Quijote. Parte primera.

Era más de media noche,
antiguas historias cuentan,
cuando en sueño y en silencio
lóbrego envuelta la tierra,
los vivos muertos parecen,
los muertos la tumba dejan.
Era la hora en que acaso
temerosas voces suenan
informes, en que se escuchan
tácitas pisadas huecas,
y pavorosas fantasmas
entre las densas tinieblas
vagan, y aúllan los perros
amedrentados al verlas:
En que tal vez la campana
de alguna arruinada iglesia
da misteriosos sonidos
de maldición y anatema,
que los sábados convoca
a las brujas a su fiesta.
El cielo estaba sombrío,
no vislumbraba una estrella,
silbaba lúgubre el viento,
y allá en el aire, cual negras
fantasmas, se dibujaban

las torres de las iglesias,
y del gótico castillo
las altísimas almenas,
donde canta o reza acaso
temeroso el centinela.
Todo en fin a media noche
reposaba, y tumba era
de sus dormidos vivientes
la antigua ciudad que riega
el Tormes, fecundo río,
nombrado de los poetas,
la famosa Salamanca,
insigne en armas y letras,
patria de ilustres varones,
noble archivo de las ciencias.
Súbito rumor de espadas
cruje y un ¡ay! se escuchó;
un ay moribundo, un ay
que penetra el corazón,
que hasta los tuétanos hiela
y da al que lo oyó temblor.
Un ¡ay! de alguno que al mundo
pronuncia el último adiós.

El ruido
cesó,
un hombre
pasó
embozado,
y el sombrero
recatado
a los ojos

se caló.
Se desliza
y atraviesa
junto al muro
de una iglesia
y en la sombra
se perdió.

Una calle estrecha y alta,
la calle del Ataúd
cual si de negro crespón
lóbrego eterno capuz
la vistiera, siempre oscura
y de noche sin más luz
que la lámpara que alumbra
una imagen de Jesús,
atraviesa el embozado
la espada en la mano aún,
que lanzó vivo reflejo
al pasar frente a la cruz.

Cual suele la Luna tras lóbrega nube
con franjas de plata bordarla en redor,
y luego si el viento la agita, la sube
disuelta a los aires en blanco vapor:

Así vaga sombra de luz y de nieblas,
mística y aérea dudosa visión,
ya brilla, o la esconden las densas tinieblas
cual dulce esperanza, cual vana ilusión.

La calle sombría, la noche ya entrada,

la lámpara triste ya pronta a expirar,
que a veces alumbra la imagen sagrada
y a veces se esconde la sombra a aumentar.

El vago fantasma que acaso aparece,
y acaso se acerca con rápido pie,
y acaso en las sombras tal vez desparece,
cual ánima en pena del hombre que fue,

al más temerario corazón de acero
recelo inspirara, pusiera pavor;
al más maldiciente feroz bandolero
el rezo a los labios trajera el temor.

Mas no al embozado, que aún sangre su espada
destila, el fantasma terror infundió,
y, el arma en la mano con fuerza empuñada,
osado a su encuentro despacio avanzó.

Segundo don Juan Tenorio,
alma fiera e insolente,
irreligioso y valiente,
altanero y reñidor:
Siempre el insulto en los ojos,
en los labios la ironía,
nada teme y toda fía
de su espada y su valor.

Corazón gastado, mofa
de la mujer que corteja,
y, hoy despreciándola, deja
la que ayer se le rindió.

Ni el porvenir temió nunca,
ni recuerda en lo pasado
la mujer que ha abandonado,
ni el dinero que perdió.

Ni vio el fantasma entre sueños
del que mató en desafío,
ni turbó jamás su brío
recelosa previsión.
Siempre en lances y en amores,
siempre en báquicas orgías,
mezcla en palabras impías
un chiste y una maldición.

En Salamanca famoso
por su vida y buen talante,
al atrevido estudiante
le señalan entre mil;
fuero le da su osadía,
le disculpa su riqueza,
su generosa nobleza,
su hermosura varonil.

Que en su arrogancia y sus vicios,
caballeresca apostura,
agilidad y bravura
ninguno alcanza a igualar:
Que hasta en sus crímenes mismos,
en su impiedad y altiveza,
pone un sello de grandeza
don Félix de Montemar.

Bella y más segura que el azul del cielo
con dulces ojos lánguidos y hermosos,
donde acaso el amor brilló entre el velo
del pudor que los cubre candorosos;
tímida estrella que refleja al suelo
rayos de luz brillantes y dudosos,
ángel puro de amor que amor inspira,
fue la inocente y desdichada Elvira.

Elvira, amor del estudiante un día,
tierna y feliz y de su amante ufana,
cuando al placer su corazón se abría,
como el rayo del Sol rosa temprana;
del fingido amador que la mentía,
la miel falaz que de sus labios mana
bebe en su ardiente sed, el pecho ajeno
de que oculto en la miel hierve el veneno.

Que no descansa de su madre en brazos
más descuidado el candoroso infante,
que ella en los falsos lisonjeros lazos
que teje astuto el seductor amante:
Dulces caricias, lánguidos abrazos,
placeres ¡ay! que duran un instante,
que habrán de ser eternos imagina
la triste Elvira en su ilusión divina.

Que el alma virgen que halagó un encanto
con nacarado sueño en su pureza,
todo lo juzga verdadero y santo,
presta a todo virtud, presta belleza.
Del cielo azul al tachonado manto,

del Sol radiante a la inmortal riqueza,
al aire, al campo, a las fragantes flores,
ella añade esplendor, vida y colores.

Cifró en don Félix la infeliz doncella
toda su dicha, de su amor perdida;
fueron sus ojos a los ojos de ella
astros de gloria, manantial de vida.
Cuando sus labios con sus labios sella
cuando su voz escucha embebida,
embriagada del dios que la enamora,
dulce le mira, extática le adora.

Parte II

...Except the hollow sea's.
Mourns o'er the beauty of the Cyclades.
Byron. Don Juan, canto 4. LXXII.

Está la noche serena
de luceros coronada,
terso el azul de los cielos
como transparente gasa.

Melancólica la Luna
va trasmontando la espalda
del otero: su alba frente
tímida apenas levanta,

y el horizonte ilumina,
pura virgen solitaria,
y en su blanca luz suave
el cielo y la tierra baña.

Deslízase el arroyuelo,
fúlgida cinta de plata
al resplandor de la Luna,
entre franjas de esmeraldas.

Argentadas chispas brillan
entre las espesas ramas,
y en el seno de las flores
tal vez se aduermen las auras.

Tal vez despiertas susurran,
y al desplegarse sus alas,
mecen el blanco azahar,
mueven la aromosa acacia,

y agitan ramas y flores
y en perfumes se embalsaman:
Tal era pura esta noche,
como aquella en que sus alas

los ángeles desplegaron
sobre la primera llama
que amor encendió en el mundo,
del Edén en la morada.

¡Una mujer! ¿Es acaso
blanca silfa solitaria,
que entre el rayo de la Luna
tal vez misteriosa vaga?

Blanco es su vestido, ondea
suelto el cabello a la espalda.
Hoja tras hoja las flores
que lleva en su mano, arranca.

Es su paso incierto y tardo,
inquietas son sus miradas,
mágico ensueño parece
que halaga engañoso el alma.

Ora, vedla, mira al cielo,
ora suspira, y se para:

Una lágrima sus ojos
brotan acaso y abrasa

su mejilla; es una ola
del mar que en fiera borrasca
el viento de las pasiones
ha alborotado en su alma.

Tal vez se sienta, tal vez
azorada se levanta;
el jardín recorre ansiosa,
tal vez a escuchar se para.

Es el susurro del viento
es el murmullo del agua,
no es su voz, no es el sonido
melancólico del arpa.

Son ilusiones que fueron:
Recuerdos ¡ay! que te engañan,
sombras del bien que pasó...
Ya te olvidó el que tú amas.

Esa noche y esa Luna
las mismas son que miraran
indiferentes tu dicha,
cual ora ven tu desgracia.

¡Ah! llora sí, ¡pobre Elvira!
¡Triste amante abandonada!
Esas hojas de esas flores

que distraída tú arrancas,

¿sabes adónde, infeliz,
el viento las arrebata?
Donde fueron tus amores,
tu ilusión y tu esperanza;

deshojadas y marchitas,
¡pobres flores de tu alma!

Blanca nube de la aurora,
teñida de ópalo y grana,
naciente luz te colora,
refulgente precursora
de la cándida mañana.

Mas ¡ay! que se disipó
tu pureza virginal,
tu encanto el aire llevó
cual la aventura ideal
que el amor te prometió.

Hojas del árbol caídas
juguetes del viento son:
Las ilusiones perdidas
¡ay! son hojas desprendidas
del árbol del corazón.

¡El corazón sin amor!
Triste páramo cubierto
con la lava del dolor,
oscuro inmenso desierto

donde no nace una flor!

Distante un bosque sombrío,
el Sol cayendo en la mar,
en la playa un aduar,
y a los lejos un navío
viento en popa navegar;

óptico vidrio presenta
en fantástica ilusión,
y al ojo encantado ostenta
gratas visiones, que aumenta
rica la imaginación.

Tú eres, mujer, un fanal
transparente de hermosura:
¡Ay de ti! si por tu mal
rompe el hombre en su locura
tu misterioso cristal.

Mas ¡ay! dichosa tú, Elvira,
en tu misma desventura,
que aun deleites te procura,
cuando tu pecho suspira,
tu misteriosa locura:

Que es la razón un tormento,
y vale más delirar
sin juicio, que el sentimiento
cuerdamente analizar,
fijo en él el pensamiento.

Vedla, allí va que sueña en su locura,
presente el bien que para siempre huyó.
Dulces palabras con amor murmura:
Piensa que escucha al pérfido que amó.

Vedla, postrada su piedad implora
cual si presente la mirara allí:
Vedla, que sola se contempla y llora,
miradla delirante sonreír.

Y su frente en revuelto remolino
ha enturbiado su loco pensamiento,
como nublo que en negro torbellino
encubre el cielo y amontona el viento.

Y vedla cuidadosa escoger flores,
y las lleva mezcladas en la falda,
y, corona nupcial de sus amores,
se entretiene en tejer una guirnalda.

Y en medio de su dulce desvarío
triste recuerdo el alma le importuna
y al margen va del argentado río,
y allí las flores echa de una en una;

y las sigue su vista en la corriente,
una tras otras rápidas pasar,
y confusos sus ojos y su mente
se siente con sus lágrimas ahogar:

Y de amor canta, y en su tierna queja
entona melancólica canción,

canción que el alma desgarrada deja,
lamento ¡ay! que llaga el corazón.

¿Qué me valen tu calma y tu terneza,
tranquila noche, solitaria Luna,
si no calmáis del hado la crudeza,
ni me dais esperanza de fortuna?

¿Qué me valen la gracia y la belleza,
y amar como jamás amó ninguna,
si la pasión que el alma me devora,
la desconoce aquel que me enamora?

Lágrimas interrumpen su lamento,
inclinan sobre el pecho su semblante,
y de ella en derredor susurra el viento
sus últimas palabras, sollozante.

Murió de amor la desdichada Elvira,
cándida rosa que agostó el dolor,
suave aroma que el viajero aspira
y en sus alas el aura arrebató.

Vaso de bendición, ricos colores
reflejó en su cristal la luz del día,
mas la tierra empañó sus resplandores,
y el hombre lo rompió con mano impía.

Una ilusión acarició su mente:
Alma celeste para amar nacida,
era el amor de su vivir la fuente,

estaba junto a su ilusión su vida.

Amada del Señor, flor venturosa,
llena de amor murió y de juventud:
Despertó alegre una alborada hermosa,
y a la tarde durmió en el ataúd.

Mas despertó también de su locura
al término postrero de su vida,
y al abrirse a sus pies la sepultura,
volvió a su mente la razón perdida.

¡La razón fría! ¡La verdad amarga!
¡El bien pasado y el dolor presente!...
¡Ella feliz! ¡que de tan dura carga
sintió el peso al morir únicamente!

Y conociendo ya su fin cercano,
su mejilla una lágrima abrasó;
y así al infiel con temblorosa mano,
moribunda su víctima escribió:

«Voy a morir: perdona si mi acento
vuela importuno a molestar tu oído:
Él es, don Félix, el postrer lamento
de la mujer que tanto te ha querido.
La mano helada de la muerte siento...
Adiós: ni amor ni compasión te pido...
Oye y perdona si al dejar el mundo,
arranca un ¡ay! su angustia al moribundo.

»¡Ah! para siempre adiós. Por ti mi vida

dichosa un tiempo resbalar sentí,
y la palabra de tu boca oída,
éxtasis celestial fue para mí.
Mi mente aún goza la ilusión querida
que para siempre ¡mísera! perdí...
¡Ya todo huyó, desapareció contigo!
¡Dulces horas de amor, yo las bendigo!

»Yo las bendigo, sí, felices horas,
presentes siempre en la memoria mía,
imágenes de amor encantadoras,
que aún vienen a halagarme en mi agonía.
Mas ¡ay! volad, huid, engañadoras
sombras, por siempre; mi postrero día
ha llegado: perdón, perdón, ¡Dios mío!,
si aún gozo en recordar mi desvarío.

»Y tú, don Félix, si te causa enojos
que te recuerde yo mi desventura;
piensa están hartos de llorar mis ojos
lágrimas silenciosas de amargura,
y hoy, al tragar la tumba mis despojos,
concede este consuelo a mi tristura;
estos renglones compasivo mira;
y olvida luego para siempre a Elvira.

»Y jamás turbe mi infeliz memoria
con amargos recuerdos tus placeres;
goces te dé el vivir, triunfos la gloria,
dichas el mundo, amor otras mujeres:
Y si tal vez mi lamentable historia
a tu memoria con dolor trajeres,

llórame, sí; pero palpite exento
tu pecho de roedor remordimiento.

»Adiós por siempre, adiós: un breve instante
siento de vida, y en mi pecho el fuego
aún arde de mi amor; mi vista errante
vaga desvanecida... ¡calma luego,
oh muerte, mi inquietud!... ¡Sola... expirante!...
Ámame: no, perdona: ¡inútil ruego!
¡Adiós! ¡adiós! ¡tu corazón perdí!
—¡Todo acabó en el mundo para mí!»

Así escribió su triste despedida
momentos antes de morir, y al pecho
se estrechó de su madre dolorida,
que en tanto inunda en lágrimas su lecho.

Y exhaló luego su postrer aliento,
y a su madre sus brazos se apretaron
con nervioso y convulso movimiento,
y sus labios un nombre murmuraron.

Y huyó su alma a la mansión dichosa,
do los ángeles moran... Tristes flores
brota la tierra en torno de su losa,
el céfiro lamenta sus amores.

Sobre ella un sauce su ramaje inclina,
sombra le presta en lánguido desmayo,
y allá en la tarde, cuando el Sol declina,
baña su tumba en paz su último rayo...

Parte III

Cuadro dramático

Sarg. ¿Tenéis más que parar?
Franco Paro los ojos.
...
Los ojos si, los ojos: que descreo
Del que los hizo para tal empleo.
Moreto. *San Franco de Sena.*

Personas

Don Félix de Montemar
Don Diego de Pastrana
Seis jugadores

En derredor de una mesa
hasta seis hombres están,
fija la vista en los naipes,
mientras juegan al parar;

y en sus semblantes se pintan
el despecho y el afán:
Por perder desesperados,
avarientos por ganar.

Reina profundo silencio,
sin que lo rompa jamás
otro ruido que el del oro,

o una voz para jurar.

Pálida lámpara alumbra
con trémula claridad,
negras de humo las paredes
de aquella estancia infernal.

Y el misterioso bramido
se escucha del huracán,
que azota los vidrios frágiles
con sus alas al pasar.

Escena I

Jugador 1.° El caballo aún no ha salido.

Jugador 2.° ¿Qué carta vino?

Jugador 1.° La sota.

Jugador 2.° Pues por poco se alborota.

Jugador 1.° Un caudal llevo perdido:
¡Voto a Cristo!

Jugador 2.° No juréis,
que aún no estáis en la agonía.

Jugador 1.° No hay suerte como la mía.

Jugador 2.º ¿Y como cuánto perdéis?

Jugador 1.º Mil escudos y el dinero
que don Félix me entregó.

Jugador 2.º ¿Dónde anda?

Jugador 1.º ¡Qué sé yo!
No tardará.

Jugador 3.º Envido.

Jugador 1.º Quiero.

Escena II

Galán de talle gentil,
la mano izquierda apoyada
en el pomo de la espada,
y el aspecto varonil:

Alta el ala del sombrero
porque descubra la frente,
con airoso continente
entró luego un caballero.

Jugador 1.º (Al que entra.)
Don Félix, a buena hora
habéis llegado.

Don Félix ¿Perdisteis?

Jugador 1.º El dinero que me disteis
y esta bolsa pecadora.

Jugador 2.º Don Félix de Montemar
debe perder. El amor
le negara su favor
cuando le viera ganar.

DonFélix (Con desdén.) Necesito ahora dinero
y estoy hastiado de amores.
(Al corro, con altivez.)
Dos mil ducados, señores,
por esta cadena quiero.
(Quítase una cadena que lleva al pecho.)

Jugador 3.º Alta ponéis la tarifa.

Don Félix (Con altivez.) La pongo en lo que merece.
Si otra duda se os ofrece,
decid.
(Al corro.)
Se vende y se rifa.

Jugador 4.º (Aparte.)
¿Y hay quién sufra tal afrenta?

Don Félix Entre cinco están hallados.
A cuatrocientos ducados
os toca, según mi cuenta.

Al as de oros. Allá va.

(Va echando cartas, que toman los jugadores en silencio.)

Uno, dos...
(Al perdidoso.)
Con vos no cuento.

Jugador 1.° Por el motivo lo siento.

Jugador 3.° ¡El as! ¡El as! Aquí está.

Jugador 1.° Ya ganó.

Don Félix Suerte tenéis.
A un solo golpe de dados
tiro los dos mil ducados.

Jugador 3.° ¿En un golpe?

Jugador 1.° (A don Félix.)
Los perdéis.

Don Félix Perdida tengo yo el alma,
y no me importa un ardite.

Jugador 3.° Tirad.

Don Félix Al primer embite.

Jugador 3.° Tirad pronto.

Don Félix Tened calma:

Que os juego más todavía,
y en cien onzas hago el trato,
y os lleváis este retrato
con marco de pedrería.

Jugador 3.º ¿En cien onzas?

Don Félix ¿Qué dudáis?

Jugador 1.º (Tomando el retrato.)
¡Hermosa mujer!

Jugador 4.º No es caro:

Don Félix ¿Queréis pararlas?

Jugador 3.º Las paro.
Más ganaré.

Don Félix Si ganáis (Se registra todo.)
No tengo otra joya aquí.

Jugador 1.º (Mirando el retrato.)
Si esta imagen respira...

Don Félix A estar aquí la jugara
a ella, al retrato y a mí.

Jugador 3.º Vengan los dados.

Don Félix Tirad.

Jugador 2.° Por don Félix, cien ducados.

Jugador 4.° En contra van apostados.

Jugador 5.° Cincuenta más. Esperad,
no tiréis.

Jugador 2.° Van los cincuenta.

Jugador 1.° Yo, sin blanca, a Dios le ruego
por don Félix.

Jugador 5.° Hecho el juego.

Jugador 3.° ¿Tiro?

Don Félix Tirad con sesenta
de a caballo.

(Todos se agrupan con ansiedad alrededor de la mesa. El Tercer jugador tira los dados.)

Jugador 4.° ¿Qué ha salido?

Jugador 2.° ¡Mil demonios, que a los dos
nos lleven!

Don Félix (Con calma al primero.)
¡Bien, vive Dios!
Vuestros ruegos me han valido.
Encomendadme otra vez,
don Juan, al diablo; no sea

que si os oye Dios, me vea
cautivo y esclavo en Fez.

Jugador 3.º Don Félix, habéis perdido
solo el marco, no el retrato,
que entrar la dama en el trato
vuestra intención no habrá sido.

Don Félix ¿Cuánto dierais por la dama?

Jugador 3.º Yo, la vida.

Don Félix No la quiero.
Mirad si me dais dinero,
y os la lleváis.

Jugador 3.º ¡Buena fama
lograréis entre las bellas
cuando descubran altivas,
que vos las hacéis cautivas,
para en seguida vendellas!

Don Félix Eso a vos no importa nada.
¿Queréis la dama? Os la vendo.

Jugador 3.º Yo de pinturas no entiendo.

Don Félix (Con cólera.) Vos habláis con demasiada
altivez e irreverencia
de una mujer... ¡y si no!...

Jugador 3.° De la pintura hablé yo.

Todos Vamos, paz; no haya pendencia.

Don Félix (Sosegado.) Sobre mi palabra os juego
mil escudos.

Jugador 3.° Van tirados.

Don Félix A otra suerte de esos dados;
y al diablo les prenda fuego.

Escena III

Pálido el rostro, cejijunto el ceño,
y torva la mirada, aunque afligida,
y en ella un firme y decidido empeño
de dar la muerte o de perder la vida,
un hombre entró embozado hasta los ojos,
sobre las juntas cejas el sombrero:
Víbrale el rostro al corazón enojos,
el paso firme, el ánimo altanero.
Encubierta fatídica figura.
sed de sangre su espíritu secó,
emponzoñó su alma la amargura,
la venganza irritó su corazón.
Junto a don Félix llega y desatento
no habla a ninguno, ni aun la frente inclina;
y en pie delante de él y el ojo atento,
con iracundo rostro le examina.
Miró también don Félix al sombrío

huésped que en él los ojos enclavó,
y con sarcasmo desdeñoso y frío
fijos en él los suyos, sonrió.

Don Félix Buen hombre, ¿de qué tapiz
se ha escapado —el que se tapa—
que entre el sombrero y la capa
se os ve apenas la nariz?

Don Diego Bien, don Félix, cuadra en vos
esa insolencia importuna.

Don Félix (Al tercer Jugador sin hacer caso de don Diego.)
Perdisteis.

Jugador 3.° Sí. La fortuna
se trocó: tiro y van dos.

(Vuelve a tirar.)

Don Félix Gané otra vez.
(Al embozado.) No he entendido
qué dijisteis, ni hice aprecio
de si hablasteis blando o recio
cuando me habéis respondido.

Don Diego A solas hablar querría.

Don Félix Podéis, si os place, empezar,
que por vos no he de dejar
tan honrosa compañía.
Y si Dios aquí os envía

para hacer mi conversión,
no despreciéis la ocasión
de convertir tanta gente,
mientras que yo humildemente
aguardo mi absolución.

Don Diego (Desembozándose con ira.)
Don Félix, ¿no conocéis
a don Diego de Pastrana?

Don Félix A vos no, mas sí a una hermana
que imagino que tenéis.

Don Diego ¿Y no sabéis que murió?

Don Félix Téngala Dios en su gloria.

Don Diego Pienso que sabéis su historia,
y quién fue quien la mató.

Don Félix (Con sarcasmo.)
¡Quizá alguna calentura!

Don Diego ¡Mentís vos!

Don Félix Calma, don Diego,
que si vos os morís luego,
es tanta mi desventura,
que aún me lo habrán de achacar,
y es en vano ese despecho,
si se murió, a lo hecho, pecho,

ya no ha de resucitar.

Don Diego Os estoy mirando y dudo
si habré de manchar mi espada
con esa sangre malvada,
o echaros al cuello un nudo
con mis manos, y con mengua,
en vez de desafiaros,
el corazón arrancaros
y patearos la lengua.
Que un alma, una vida, es
satisfacción muy ligera,
y os diera mil si pudiera
y os las quitara después.
Juego a mi labio han de dar
abiertas todas tus venas,
que toda su sangre apenas
basta mi sed a calmar.
¡Villano!

(Tira de la espada; todos los jugadores se interponen.)

Todos Fuera de aquí
a armar quimera.

Don Félix (Con calma, levantándose.)
Tened,
don Diego, la espada, y ved
que estoy yo muy sobre mí,
y que me contengo mucho,
no sé por qué, pues tan frío
en mi colérico brío

vuestras injurias escucho.

Don Diego (Con furor reconcentrado y con la espada desnuda.)
Salid de aquí; que a fe mía,
que estoy resulto a mataros,
y no alcanzara a libraros
la misma virgen María.
Y es tan cierta mi intención,
tan resuelta está mi alma,
que hasta mi cólera calma
mi firme resolución.
Venid conmigo.

Don Félix Allá voy;
pero si os mato, don Diego,
que no me venga otro luego
a pedirme cuenta. Soy
con vos al punto. Esperad
cuente el dinero... uno... dos...
(A don Diego.)
Son mis ganancias; por vos
pierdo aquí una cantidad
considerable de oro
que iba a ganar... ¿y por qué?
Diez... quince... por no sé qué
cuento de amor...¡un tesoro
perdido!... voy al momento.
Es un puro disparate
empeñarse en que yo os mate;
lo digo, como lo siento.

Don Diego Remiso andáis y cobarde
y hablador en demasía.

Don Félix Don Diego, más sangre fría:
para reñir nunca es tarde,
y si aún fuera otro el asunto,
yo os perdonara la prisa:
pidierais vos una misa
por la difunta, y al punto...

Don Diego ¡Mal caballero!

Don Félix Don Diego,
mi delito no es gran cosa.
Era vuestra hermana hermosa:
la vi, me amó, creció el fuego,
se murió, no es culpa mía;
y admiro vuestro candor,
que no se mueren de amor
las mujeres de hoy en día.

Don Diego ¿Estáis pronto?

Don Félix Están contados.
Vamos andando.

Don Diego ¿Os reís?
(Con voz solemne.)

Pensad que a morir venís.

(Don Félix sale tras de él, embolsándose el dinero con indiferencia.)

Son mil trescientos ducados.

Escena IV

Los jugadores.

Jugador 1.° Este don Diego Pastrana
es un hombre decidido.
Desde Flandes ha venido
solo a vengar a su hermana.

Jugador 2.° ¡Pues no ha hecho mal disparate!
Me da el corazón su muerte.

Jugador 3.° ¿Quién sabe? Acaso la suerte...

Jugador 4.° Me alegraré que lo mate.

Parte IV

Salió en fin de aquel estado, para caer en el dolor más sombrío, en la más desalentada desesperación y en la mayor amargura y desconsuelo que pueden apoderarse de este pobre corazón humano, que tan positivamente choca y se quebranta con los males, como con vaguedad aspira en algunos momentos, casi siempre sin conseguirlo, a tocar los bienes ligeramente y de pasada.
Miguel de los Santos Álvarez, La protección de un sastre.

Spiritus quidem promptus est;
caro vero infirma.
(S. Marc. Evang.)

Vedle, don Félix es, espada en mano,
sereno el rostro, firme el corazón;
también de Elvira el vengativo hermano
sin piedad a sus pies muerto cayó.

Y con tranquila audacia se adelanta
por la calle fatal del Ataúd;
y ni medrosa aparición le espanta,
ni le turba la imagen de Jesús.

La moribunda lámpara que ardía
trémula lanza su postrer fulgor,
y en honda oscuridad, noche sombría
la misteriosa calle encapotó.

Mueve los pies el Montemar osado
en las tinieblas con incierto giro,
cuando ya un trecho de la calle andado,

súbito junto a él oye un suspiro.

Resbalar por su faz sintió el aliento,
y a su pesar sus nervios se crisparon;
mas pasado el primero movimiento,
a su primera rigidez tornaron.

«¿Quién va?», pregunta con la voz serena,
que ni finge valor, ni muestra miedo,
el alma de invencible vigor llena,
fiado en su tajante de Toledo.

Palpa en torno de sí, y el impío jura,
y a mover vuelve la atrevida planta,
cuando hacia él fatídica figura,
envuelta en blancas ropas, se adelanta.

Flotante y vaga, las espesas nieblas
ya disipa y se anima y va creciendo
con apagada luz, ya en las tinieblas
su argentino blancor va apareciendo.

Ya leve punto de luciente plata,
astro de clara lumbre sin mancilla,
el horizonte lóbrego dilata
y allá en la sombra en lontananza brilla.

Los ojos Montemar fijos en ella,
con más asombro que temor la mira;
tal vez la juzga vagarosa estrella
que en el espacio de los cielos gira.

Tal vez engaño de sus propios ojos,
forma falaz que en su ilusión creó,
o del vino ridículos antojos
que al fin su juicio a alborotar subió.

Mas el vapor del néctar jerezano
nunca su mente a trastornar bastara,
que ya mil veces embriagarse en vano
en frenéticas órgias intentara.

«Dios presume asustarme: ¡ojalá fuera,
—dijo entre sí riendo— el diablo mismo!
que entonces, vive Dios, quién soy supiera
el cornudo monarca del abismo.»

Al pronunciar tan insolente ultraje
la lámpara del Cristo se encendió:
y una mujer velada en blanco traje,
ante la imagen de rodillas vio.

«Bienvenida la luz» —dijo el impío—.
«Gracias a Dios o al diablo»; y con osada,
firme intención y temerario brío,
el paso vuelve a la mujer tapada.

Mientras él anda, al parecer se alejan
la luz, la imagen, la devota dama,
mas si él se para, de moverse dejan:
y lágrima tras lágrima, derrama

de sus ojos inmóviles la imagen.
Mas sin que el miedo ni el dolor que inspira

su planta audaz, ni su impiedad atajen,
rostro a rostro a Jesús, Montemar mira.

—La calle parece se mueve y camina,
faltarle la tierra sintió bajo el pie;
sus ojos la muerta mirada fascina
del Cristo, que intensa clavada está en él.

Y en medio el delirio que embarga su mente,
y achaca él al vino que al fin le embriagó,
la lámpara alcanza con mano insolente
del ara do alumbra la imagen de Dios,

y al rostro la acerca, que el cándido lino
encubre, con ánimo asaz descortés;
mas la luz apaga viento repentino,
y la blanca dama se puso de pie.

Empero un momento creyó que veía
un rostro que vagos recuerdos quizá,
y alegres memorias confusas, traía
de tiempos mejores que pasaron ya.

Un rostro de un ángel que vio en un ensueño,
como un sentimiento que el alma halagó,
que anubla la frente con rígido ceño,
sin que lo comprenda jamás la razón.

Su forma gallarda dibuja en las sombras
el blanco ropaje que ondeante se ve,
y cual si pisara mullidas alfombras,

deslízase leve sin ruido su pie.

Tal vimos al rayo de la Luna llena
fugitiva vela de lejos cruzar,
que ya la hinche en popa la brisa serena,
que ya la confunde la espuma del mar.

También la esperanza blanca y vaporosa
así ante nosotros pasa en ilusión,
y el alma conmueve con ansia medrosa
mientras la rechaza la adusta razón.

Don Félix «¡Qué! ¿sin respuesta me deja?
¿No admitís mi compañía?
¿Será quizá alguna vieja
devota?... ¡Chasco sería!

En vano, dueña, es callar,
ni hacerme señas que no;
he resuelto que sí yo,
y os tengo que acompañar.

Y he de saber dónde vais
y si sois hermosa o fea,
quién sois y cómo os llamáis.
Y aun cuando imposible sea,

y fuerais vos Satanás,
con sus llamas y sus cuernos,
hasta en los mismos infiernos,
vos delante y yo detrás,

hemos de entrar, ¡vive Dios!
Y aunque lo estorbara el cielo,
que yo he de cumplir mi anhelo
aun a despecho de vos:

y perdonadme, señora,
si hay en mi empeño osadía,
mas fuera descortesía
dejaros sola a esta hora:

y me va en ello mi fama,
que juro a Dios no quisiera
que por temor se creyera
que no he seguido a una dama.»

Del hondo del pecho profundo gemido,
crujido del vaso que estalla al dolor,
que apenas medroso lastima el oído,
pero que punzante rasga el corazón;

gemido de amargo recuerdo pasado,
de pena presente, de incierto pesar,
mortífero aliento, veneno exhalado
del que encubre el alma ponzoñoso mar;

Gemido de muerte lanzó y silenciosa
la blanca figura su pie resbaló,
cual mueve sus alas sílfide amorosa
que apenas las aguas del lago rizó.

¡Ay el que vio acaso perdida en un día
la dicha que eterna creyó el corazón,

y en noche de nieblas, y en honda agonía
en un mar sin playas muriendo quedó!...

Y solo y llevando consigo en su pecho,
compañero eterno su dolor cruel,
el mágico encanto del alma deshecho,
su pena, su amigo y amante más fiel

miró sus suspiros llevarlos el viento,
sus lágrimas tristes perderse en el mar,
sin nadie que acuda ni entienda su acento,
el cielo y el mundo a su mal...

Y ha visto la Luna brillar en el cielo
serena y en calma mientras él lloró,
y ha visto los hombres pasar en el suelo
y nadie a sus quejas los ojos volvió,

y él mismo, la befa del mundo temblando,
su pena en su pecho profunda escondió,
y dentro en su alma su llanto tragando
con falsa sonrisa su labio vistió!!!...

¡Ay! quien ha contado las horas que fueron,
horas otro tiempo que abrevió el placer,
y hoy solo y llorando piensa cómo huyeron
con ellas por siempre las dichas de ayer;

y aquellos placeres, que el triste ha perdido,
no huyeron del mundo, que en el mundo están,
y él vive en el mundo do siempre ha vivido,

y aquellos placeres para él no son ya!!

¡Ay! del que descubre por fin la mentira,
¡Ay! del que la triste realidad palpó,
del que el esqueleto de este mundo mira,
y sus falsas galas loco le arrancó...

¡Ay! de aquel que vive solo en lo pasado...!
¡Ay! del que su alma nutre en su pesar,
las horas que huyeron llamara angustiado,
las horas que huyeron jamás tornarán...

Quien haya sufrido tan bárbaro duelo,
quien noches enteras contó sin dormir
en lecho de espinas, maldiciendo al cielo,
horas sempiternas de ansiedad sin fin;

quien haya sentido quererse del pecho
saltar a pedazos roto el corazón;
crecer su delirio, crecer su despecho;
al cuello cien nudos echarle el dolor;

ponzoñoso lago de punzante hielo,
sus lágrimas tristes, que cuajó el pesar,
reventando ahogarle, sin hallar consuelo,
ni esperanza nunca, ni tregua en su afán.

Aquel, de la blanca fantasma el gemido,
única respuesta que a don Félix dio,
hubiera, y su inmenso dolor, comprendido,
hubiera pesado su inmenso valor.

Don Félix «Si buscáis algún ingrato,
yo me ofrezco agradecido;
pero o miente ese recato,
o vos sufrís el mal trato
de algún celoso marido.

»¿Acerté? ¡Necia manía!
Es para volverme loco,
si insistís en tal porfía;
con los mudos, reina mía,
yo hago mucho y hablo poco.»

Segunda vez importunada en tanto,
una voz de suave melodía
el estudiante oyó que parecía
eco lejano de armonioso canto:

De amante pecho lánguido latido,
sentimiento inefable de ternura,
suspiro fiel de amor correspondido,
el primer sí de la mujer aún pura.

«Para mí los amores acabaron:
todo en el mundo para mí acabó:
los lazos que a la tierra me ligaron,
el cielo para siempre desató»,

dijo su acento misterioso y tierno,
que de otros mundos la ilusión traía,
eco de los que ya reposo eterno
gozan en paz bajo la tumba fría.

Montemar, atento solo a su aventura,
que es bella la dama y aun fácil juzgó,
y la hora, la calle y la noche oscura
nuevos incentivos a su pecho son.

—Hay riesgo en seguirme. —Mirad ¡qué reparo!
—Quizá luego os pese. —Puede que por vos.
—Ofendéis al cielo. —Del diablo me amparo.
—Idos, caballero, ¡no tentéis a Dios!

—Siento me enamora más vuestro despego,
y si Dios se enoja, pardiez que hará mal:
véame en vuestros brazos y máteme luego.
—¡Vuestra última hora quizá esta será!...

Dejad ya, don Félix, delirios mundanos.
—¡Hola, me conoce! —¡Ay! ¡Temblad por vos!
¡Temblad, no se truequen deleites livianos
en penas eternas! —Basta de sermón,

que yo para oírlos la cuaresma espero;
y hablemos de amores, que es más dulce hablar;
dejad ese tono solemne y severo,
que os juro, señora, que os sienta muy mal;

la vida es la vida: cuando ella se acaba,
acaba con ella también el placer.
¿De inciertos pesares por qué hacerla esclava?
Para mí no hay nunca mañana ni ayer.

Si mañana muero, que sea en mal hora
o en buena, cual dicen, ¿qué me importa a mí?

Goce yo el presente, disfrute yo ahora,
y el diablo me lleve si quiere al morir.

—¡Cúmplase en fin tu voluntad, Dios mío!—,
la figura fatídica exclamó:
Y en tanto al pecho redoblar su brío
siente don Félix y camina en pos.

Cruzan tristes calles,
plazas solitarias,
arruinados muros,
donde sus plegarias
y falsos conjuros,
en la misteriosa
noche borrascosa,
maldecida bruja
con ronca voz canta,
y de los sepulcros
los muertos levanta.
Y suenan los ecos
de sus pasos huecos
en la soledad;
mientras en silencio
yace la ciudad,
y en lúgubre son
arrulla su sueño
bramando Aquilón.

Y una calle y otra cruzan,
y más allá y más allá:
ni tiene término el viaje,
ni nunca dejan de andar,

y atraviesan, pasan, vuelven,
cien calles quedando atrás,
y paso tras paso siguen,
y siempre adelante van;
y a confundirse ya empieza
y a perderse Montemar,
que ni sabe a dó camina,
ni acierta ya dónde está;
y otras calles, otras plazas
recorre y otra ciudad,
y ve fantásticas torres
de su eterno pedestal
arrancarse, y sus macizas
negras masas caminar,
apoyándose en sus ángulos
que en la tierra, en desigual,
perezoso tronco fijan;
y a su monótono andar,
las campanas sacudidas
misteriosos dobles dan;
mientras en danzas grotescas
y al estruendo funeral
en derredor cien espectros
danzan con torpe compás:
y las veletas sus frentes
bajan ante él al pasar,
los espectros le saludan,
y en cien lenguas de metal,
oye su nombre en los ecos
de las campanas sonar.

Mas luego cesa el estrépito,

y en silencio, en muda paz
todo queda, y desaparece
de súbito la ciudad:
palacios, templos, se cambian
en campos de soledad,
y en un yermo y silencioso
melancólico arenal,
sin luz, sin aire, sin cielo,
perdido en la inmensidad,
tal vez piensa que camina,
sin poder parar jamás,
de extraño empuje llevado
con precipitado afán;
entretanto que su guía
delante de él sin hablar,
sigue misterioso, y sigue
con paso rápido, y ya
se remonta ante sus ojos
en alas del huracán,
visión sublime, y su frente
ve fosfórica brillar,
entre lívidos relámpagos
en la densa oscuridad,
sierpes de luz, luminosos
engendros del vendaval;
y cuando duda si duerme,
si tal vez sueña o está
loco, si es tanto prodigio,
tanto delirio verdad,
otra vez en Salamanca
súbito vuélvese a hallar,
distingue los edificios,

reconoce en dónde está,
y en su delirante vértigo
al vino vuelve a culpar,
y jura, y siguen andando
ella delante, él detrás.

«¡Vive Dios!, dice entre sí,
o Satanás se chancea,
o no debo estar en mí
o el málaga que bebí
en mi cabeza aún humea.

»Sombras, fantasmas, visiones...
Dale con tocar a muerto
y en revueltas confusiones,
danzando estos torreones
al compás de tal concierto.

»Y el juicio voy a perder
entre tantas maravillas,
que estas torres llegué a ver,
como mulas de alquiler,
andando con campanillas.

»¿Y esta mujer quién será?
Mas si es el diablo en persona,
¿a mí qué diantre me da?
Y más que el traje en que va
en esta ocasión, le abona.

»Noble señora, imagino
que sois nueva en el lugar:
andar así es desatino;

o habéis perdido el camino,
o esto es andar por andar.

»Ha dado en no responder,
que es la más rara locura
que puede hallarse en mujer,
y en que yo la he de querer
por su paso de andadura».

En tanto don Félix a tientas seguía,
delante camina la blanca visión,
triplica su espanto la noche sombría,
sus hórridos gritos redobla Aquilón.

Rechinan girando las férreas veletas,
crujir de cadenas se escucha sonar,
las altas campanas, por el viento inquietas
pausados sonidos en las torres dan.

Ruido de pasos de gente que viene
a compás marchando con sordo rumor,
y de tiempo en tiempo su marcha detiene,
y rezar parece en confuso son.

Llegó de don Félix luego a los oídos,
y luego cien luces a lo lejos vio,
y luego en hileras largas divididos,
vio que murmurando con lúgubre voz,

enlutados bultos andando venían;
y luego más cerca con asombro ve,
que un féretro en medio y en hombros traían

y dos cuerpos muertos tendidos en él.

Las luces, la hora, la noche, profundo,
infernal arcano parece encubrir.
Cuando en hondo sueño yace muerto el mundo,
cuando todo anuncia que habrá de morir

al hombre, que loco la recia tormenta
corrió de la vida, del viento a merced,
cuando una voz triste las horas le cuenta,
y en lodo sus pompas convertidas ve,

forzoso es que tenga de diamante el alma
quien no sienta el pecho de horror palpitar,
quien como don Félix, con serena calma
ni en Dios ni en el diablo se ponga a pensar.

Así en tardos pasos, todos murmurando,
el lúgubre entierro ya cerca llegó,
y la blanca dama devota rezando,
entrambas rodillas en tierra dobló.

Calado el sombrero y en pie, indiferente
el féretro mira don Félix pasar,
y al paso pregunta con su aire insolente
los nombres de aquellos que al sepulcro van.

Mas ¡cuál su sorpresa, su asombro cuál fuera,
cuando horrorizado con espanto ve
que el uno don Diego de Pastrana era,
y el otro, ¡Dios santo!, y el otro era él...!

Él mismo, su imagen, su misma figura,
su mismo semblante, que él mismo era en fin:
y duda y se palpa y fría pavura
un punto en sus venas sintió discurrir.

Al fin era hombre, y un punto temblaron
los nervios del hombre, y un punto temió;
mas pronto su antigua vigor recobraron,
pronto su fiereza volvió al corazón.

—Lo que es, dijo, por Pastrana,
bien pensado está el entierro;
mas es diligencia vana
enterrarme a mí, y mañana
me he de quejar de este yerro.

Diga, señor enlutado,
¿a quién llevan a enterrar?
—Al estudiante endiablado
don Félix de Montemar»—,
respondió el encapuchado.

—Mientes, truhán. —No por cierto.
—Pues decidme a mí quién soy,
si gustáis, porque no acierto
cómo a un mismo tiempo estoy
aquí vivo y allí muerto.

Yo no os conozco. —Pardiez,
que si me llego a enojar,
tus burlas te haga llorar
de tal modo, que otra vez

conozcas ya a Montemar.

¡Villano!... mas esto es
ilusión de los sentidos,
el mundo que anda al revés,
los diablos entretenidos
en hacerme dar traspiés.

¡El fanfarrón de don Diego!
De sus mentiras reniego,
que cuando muerto cayó,
al infierno se fue luego
contando que me mató.

Diciendo así, soltó una carcajada,
y las espaldas con desdén volvió:
se hizo el bigote, requirió la espada,
y a la devota dama se acercó.

Con que, en fin, ¿dónde vivís?,
que se hace tarde, señora.
—Tarde, aún no; de aquí a una hora
lo será. —Verdad decís,
será más tarde que ahora.

Esa voz con que hacéis miedo,
de vos me enamora más:
yo me he echado el alma atrás;
juzgad si me dará un bledo
de Dios ni de Satanás.

—Cada paso que avanzáis
lo adelantáis a la muerte,

don Félix. ¿Y no tembláis,
y el corazón no os advierte
que a la muerte camináis?

Con eco melancólico y sombrío
dijo así la mujer, y el sordo acento,
sonando en torno del mancebo impío,
rugió en la voz del proceloso viento.

Las piedras con las piedras se golpearon,
bajo sus pies la tierra retembló,
las aves de la noche se juntaron,
y sus alas crujir sobre él sintió:

y en la sombra unos ojos fulgurantes
vio en el aire vagar que espanto inspiran,
siempre sobre él saltándose anhelantes:
ojos de horror que sin cesar le miran.

Y los vio y no tembló: mano a la espada
puso y la sombra intrépido embistió,
y ni sombra encontró ni encontró nada;
solo fijos en él los ojos vio.

Y alzó los suyos impaciente al cielo,
y rechinó los dientes y maldijo,
y en él creciendo el infernal anhelo,
con voz de enojo blasfemado dijo:

«Seguid, señora, y adelante vamos:
tanto mejor si sois el diablo mismo,
y Dios y el diablo y yo nos conozcamos,

y acábese por fin tanto embolismo.

»Que de tanto sermón, de farsa tanta,
juro, pardiez, que fatigado estoy:
nada mi firme voluntad quebranta,
sabed en fin que donde vayáis voy.

»Un término no más tiene la vida:
término fijo; un paradero el alma;
ahora adelante.» Dijo, y en seguida
camina en pos con decidida calma».

Y la dama a una puerta se paró,
y era una puerta altísima, y se abrieron
sus hojas en el punto en que llamó,
que a un misterioso impulso obedecieron;
y tras la dama el estudiante entró;
ni pajes ni doncellas acudieron;
y cruzan a la luz de unas bujías
fantásticas, desiertas galerías.

Y la visión como engañoso encanto,
por las losas deslizase sin ruido,
toda encubierta bajo el blanco manto
que barre el suelo en pliegues desprendido;
y por el largo corredor en tanto
sigue adelante y síguela atrevido,
y su temeridad raya en locura,
resuelto Montemar a su aventura.

Las luces, como antorchas funerales,
lánguida luz y cárdena esparcían,

y en torno en movimientos desiguales
las sombras se alejaban o venían:
arcos aquí ruinosos, sepulcrales,
urnas allí y estatuas se veían,
rotas columnas, patios mal seguros,
yerbosos, tristes, húmedos y oscuros.

Todo vago, quimérico y sombrío,
edificio sin base ni cimiento,
ondula cual fantástico navío
que anclado mueve borrascoso viento.
En un silencio aterrador y frío
yace allí todo: ni rumor, ni aliento
humano nunca se escuchó; callado,
corre allí el tiempo, en sueño sepultado.

Las muertas horas a las muertas horas
siguen en el reloj de aquella vida,
sombras de horror girando aterradoras,
que allá aparecen en medrosa huida;
ellas solas y tristes moradoras
de aquella negra, funeral guarida,
cual soñada fantástica quimera,
vienen a ver al que su paz altera.

Y en él enclavan los hundidos ojos
del fondo de la larga galería,
que brillan lejos, cual carbones rojos,
y espantaran la misma valentía:
y muestran en su rostro sus enojos
al ver hollada su mansión sombría,
y ora en grupos delante se aparecen,

ora en la sombra allá se desvanecen.

Grandiosa, satánica figura,
alta la frente, Montemar camina,
espíritu sublime en su locura,
provocando la cólera divina:
fábrica frágil de materia impura,
el alma que la alienta y la ilumina,
con Dios le iguala, y con osado vuelo
se alza a su trono y le provoca a duelo.

Segundo Lucifer que se levanta
del rayo vengador la frente herida,
alma rebelde que el temor no espanta,
hollada sí, pero jamás vencida:
el hombre en fin que en su ansiedad quebranta
su límite a la cárcel de la vida,
y a Dios llama ante él a darle cuenta,
y descubrir su inmensidad intenta.

Y un báquico cantar tarareando,
cruza aquella quimérica morada,
con atrevida indiferencia andando,
mofa en los labios, y la vista osada;
y el rumor que sus pasos van formando,
y el golpe que al andar le da la espada,
tristes ecos, siguiéndole detrás,
repiten con monótono compás.

Y aquel extraño y único ruido
que de aquella mansión los ecos llena,
en el suelo y los techos repetido,
en su profunda soledad resuena;

y expira allá cual funeral gemido
que lanza en su dolor la ánima en pena,
que al fin del corredor largo y oscuro
salir parece de entre el roto muro.

Y en aquel otro mundo, y otra vida,
mundo de sombras, vida que es un sueño,
vida, que con la muerte confundida,
ciñe sus sienes con letal beleño;
mundo, vaga ilusión descolorida
de nuestro mundo y vaporoso ensueño,
son aquel ruido y su locura insana,
la sola imagen de la vida humana.

Que allá su blanca misteriosa guía
de la alma dicha la ilusión parece,
que ora acaricia la esperanza impía,
ora al tocarla ya se desvanece:
blanca, flotante nube, que en la umbría
noche, en alas del céfiro se mece;
su airosa ropa, desplegada al viento,
semeja en su callado movimiento:

humo suave de quemado aroma
que al aire en ondas a perderse asciende,
rayo de Luna que en la parda loma,
cual un broche su cima al éter prende;
silfa que con el alba envuelta asoma
y al nebuloso azul sus alas tiende,
de negras sombras y de luz teñidas,
entre el alba y la noche confundidas.

Y ágil, veloz, aérea y vaporosa,
que apenas toca con los pies el suelo,
cruza aquella morada tenebrosa
la mágica visión del blanco velo:
imagen fiel de la ilusión dichosa
que acaso el hombre encontrará en el cielo.
Pensamiento sin fórmula y sin nombre,
que hace rezar y blasfemar al hombre.

Y al fin del largo corredor llegando,
Montemar sigue su callada guía,
y una de mármol negro va bajando
de caracol torcida gradería,
larga, estrecha y revuelta, y que girando
en torno de él y sin cesar veía
suspendida en el aire y con violento,
veloz, vertiginoso movimiento.

Y en eterna espiral y en remolino
infinito prolóngase y se extiende,
y el juicio pone en loco desatino
a Montemar que en tumbos mil desciende.
Y, envuelto en el violento torbellino,
al aire se imagina, y se desprende,
y sin que el raudo movimiento ceda,
mil vueltas dando, a los abismos rueda:

y de escalón en escalón cayendo,
blasfema y jura con lenguaje inmundo,
y su furioso vértigo creciendo,
y despeñado rápido al profundo,
los silbos ya del huracán oyendo,

ya ante él pasando en confusión el mundo,
ya oyendo gritos, voces y palmadas,
y aplausos y brutales carcajadas;

llantos y ayes, quejas y gemidos,
mofas, sarcasmos, risas y denuestos,
y en mil grupos acá y allá reunidos,
viendo debajo de él, sobre él enhiestos,
hombres, mujeres, todos confundidos,
con sandia pena, con alegres gestos,
que con asombro estúpido le miran
y en el perpetuo remolino giran.

Siente, por fin, que de repente para,
y un punto sin sentido se quedó;
mas luego valeroso se repara,
abrió los ojos y de pie se alzó;
y fue el primer objeto en que pensara
la blanca dama, y alrededor miró,
y al pie de un triste monumento hallóla,
sentada en medio de la estancia, sola.

Era un negro solemne monumento
que en medio de la estancia se elevaba,
y a un tiempo a Montemar, ¡raro portento!,
una tumba y un lecho semejaba:
ya imaginó su loco pensamiento
que abierta aquella tumba le aguardaba;
ya imaginó también que el lecho era
tálamo blando que al esposo espera.

Y pronto, recobrada su osadía,

y a terminar resuelto su aventura,
al cielo y al infierno desafía
con firme pecho y decisión segura:
a la blanca visión su planta guía,
y a descubrirse el rostro la conjura,
y a sus pies Montemar tomando asiento,
así la habló con animoso acento:

«Diablo, mujer o visión,
que, a juzgar por el camino
que conduce a esta mansión,
eres puro desatino
o diabólica invención:

»Siquier de parte de Dios,
siquier de parte del diablo,
¿quién nos trajo aquí a los dos?
Decidme, en fin, ¿quién sois vos?
y sepa yo con quién hablo:

»Que más que nunca palpita
resuelto mi corazón,
cuando en tanta confusión,
y en tanto arcano que irrita,
me descubre mi razón.

»Que un poder aquí supremo,
invisible se ha mezclado,
poder que siento y no temo,
a llevar determinado
esta aventura al extremo.»

Fúnebre
llanto
de amor,
óyese
en tanto
en son

flébil, blando,
cual quejido
dolorido
que del alma
se arrancó;
cual profundo
¡ay! que exhala
moribundo
corazón.

Música triste,
lánguida y vaga,
que a par lastima
y el alma halaga;
dulce armonía
que inspira al pecho
melancolía,
como el murmullo
de algún recuerdo
de antiguo amor,
a un tiempo arrullo
y amarga pena
del corazón.
Mágico embeleso,

cántico ideal,

que en los aires vaga
y en sonoras ráfagas
aumentando va:
sublime y oscuro,
rumor prodigioso,
sordo acento lúgubre,
eco sepulcral,
músicas lejanas,
de enlutado parche
redoble monótono,
cercano huracán,
que apenas la copa
del árbol menea
y bramando está:
olas alteradas
de la mar bravía,
en noche sombría
los vientos en paz,
y cuyo rugido
se mezcla al gemido
del muro que trémulo
las siente llegar:
pavoroso estrépito,
infalible présago
de la tempestad.

Y en rápido crescendo,
los lúgubres sonidos
más cerca vanse oyendo
y en ronco rebramar;
cual trueno en las montañas

que retumbando va,
cual rujen las entrañas
de horrísono volcán.

Y algazara y gritería,
crujir de afilados huesos,
rechinamiento de dientes
y retemblar los cimientos,
y en pavoroso estallido
las losas del pavimento
separando sus junturas
irse poco a poco abriendo,
siente Montemar, y el ruido
más cerca crece, y a un tiempo
escucha chocarse cráneos,
ya descarnados y secos,
temblar en torno la tierra,
bramar combatidos vientos,
rugir las airadas olas,
estallar el ronco trueno,
exhalar tristes quejidos
y prorrumpir en lamentos:
todo en furiosa armonía,
todo en frenético estruendo,
todo en confuso trastorno,
todo mezclado y diverso.

Y luego el estrépito crece
confuso y mezclado en un son,
que ronco en las bóvedas hondas
tronando furioso zumbó;
y un eco que agudo parece
del ángel del juicio la voz,

en triple, punzante alarido,
medroso y sonoro se alzó;
sintió, removidas las tumbas,
crujir a sus pies con fragor
chocar en las piedras los cráneos
con rabia y ahínco feroz,
romper intentando la losa,
y huir de su eterna mansión,
los muertos, de súbito oyendo
el alto mandato de Dios.

Y de pronto en horrendo estampido
desquiciarse la estancia sintió,
y al tremendo tartáreo ruido
cien espectros alzarse miró:

de sus ojos los huecos fijaron
y sus dedos enjutos en él;
y después entre sí se miraron,
y a mostrarle tornaron después;

y enlazadas las manos siniestras,
con dudoso, espantado ademán
contemplando, y tendidas sus diestras
con asombro al osado mortal,

se acercaron despacio y la seca
calavera, mostrando temor,
con inmóvil, irónica mueca
inclinaron, formando enredor.

Y entonces la visión del blanco velo
al fiero Montemar tendió una mano,

y era su tacto de crispante hielo,
y resistirlo audaz intentó en vano:

galvánica, cruel, nerviosa y fría,
histérica y horrible sensación,
toda la sangre coagulada envía
agolpada y helada al corazón...

Y a su despecho y maldiciendo al cielo,
de ella apartó su mano Montemar,
y temerario alzándola a su velo,
tirando de él la descubrió la faz.

¡Es su esposo!, los ecos retumbaron,
¡La esposa al fin que su consorte halló!
Los espectros con júbilo gritaron:
¡Es el esposo de su eterno amor!

Y ella entonces gritó: ¡Mi esposo! Y era
(¡desengaño fatal!, ¡triste verdad!)
una sórdida, horrible calavera,
la blanca dama del gallardo andar...

Luego un caballero de espuela dorada,
airoso, aunque el rostro con mortal color,
traspasado el pecho de fiera estocada,
aún brotando sangre de su corazón,

se acerca y le dice, su diestra tendida,
que impávido estrecha también Montemar:
—Al fin la palabra que disteis, cumplida;
doña Elvira, vedla, vuestra esposa es ya.

—Mi muerte os perdono. Por cierto, don Diego,
repuso don Félix tranquilo a su vez,
me alegro de veros con tanto sosiego,
que a fe no esperaba volveros a ver.

En cuanto a ese espectro que decís mi esposa,
raro casamiento venísme a ofrecer:
su faz no es por cierto ni amable ni hermosa,
mas no se os figure que os quiera ofender.

Por mujer la tomo, porque es cosa cierta,
y espero no salga fallido mi plan,
que en caso tan raro y mi esposa muerta,
tanto como viva no me cansará.

Mas antes decidme si Dios o el demonio
me trajo a este sitio, que quisiera ver
al uno o al otro, y en mi matrimonio
tener por padrino siquiera a Luzbel:

Cualquiera o entrambos con su corte toda,
estando estos nobles espectros aquí,
no perdiera mucho viniendo a mi boda...
Hermano don Diego, ¿no pensáis así?

Tal dijo don Félix con fruncido ceño,
en torno arrojando con fiero ademán
miradas audaces de altivo desdeño,
al Dios por quien jura capaz de arrostrar.

El cariado, lívido esqueleto,

los fríos, largos y asquerosos brazos,
le enreda en tanto en apretados lazos,
y ávido le acaricia en su ansiedad:
y con su boca cavernosa busca
la boca a Montemar, y a su mejilla
la árida, descarnada y amarilla
junta y refriega repugnante faz.

Y él, envuelto en sus secas coyunturas,
aún más sus nudos que se aprieta siente,
baña un mar de sudor su ardida frente
y crece en su impotencia su furor;
pugna con ansia a desasirse en vano,
y cuanto más airado forcejea,
tanto más se le junta y le desea
el rudo espectro que le inspira horror.

Y en furioso, veloz remolino,
y en aérea fantástica danza,
que la mente del hombre no alcanza
en su rápido curso a seguir,
los espectros su ronda empezaron,
cual en círculos raudos el viento
remolinos de polvo violento
y hojas secas agita sin fin.

Y elevando sus áridas manos,
resonando cual lúgubre eco,
levantóse con su cóncavo hueco
semejante a un aullido una voz:
pavorosa, monótona, informe,
que pronuncia sin lengua su boca,

cual la voz que del áspera roca
en los senos el viento formó.

«Cantemos, dijeron sus gritos,
la gloria, el amor de la esposa,
que enlaza en sus brazos dichosa,
por siempre al esposo que amó:
su boca a su boca se junte,
y selle su eterna delicia,
suave, amorosa caricia
y lánguido beso de amor.

»Y en mutuos abrazos unidos,
y en blando y eterno reposo,
la esposa enlazada al esposo
por siempre descansen en paz:
y en fúnebre luz ilumine
sus bodas fatídica tea,
es brinde deleites y sea
a tumba su lecho nupcial.»

Mientras, la ronda frenética
que en raudo giro se agita,
más cada vez precipita
su vértigo sin ceder;
más cada vez se atropella,
más cada vez se arrebata,
y en círculos se desata
violentos más cada vez:

y escapa en rueda quimérica,
y negro punto parece

que en torno se desvanece
a la fantástica luz,
y sus lúgubres aullidos
que pavorosos se extienden,
los aires rápidos hienden
más prolongados aún.

Y a tan continuo vértigo,
a tan funesto encanto,
a tan horrible canto,
a tan tremenda lid;
entre los brazos lúbricos
que aprémianle sujeto,
del hórrido esqueleto,
entre caricias mil:

Jamás vencido el ánimo,
su cuerpo ya rendido,
sintió desfallecido
faltarle, Montemar;
y a par que más su espíritu
desmiente su miseria
la flaca, vil materia
comienza a desmayar.

Y siente un confuso,
loco devaneo,
languidez, mareo
y angustioso afán:
y sombras y luces
la estancia que gira,
y espíritus mira

que vienen y van.

Y luego a lo lejos,
flébil en su oído,
eco dolorido
lánguido sonó,
cual la melodía
que el aura amorosa,
y el aura armoniosa
de noche formó:

y siente luego
su pecho ahogado
y desmayado,
turbios sus ojos,
sus graves párpados
flojos caer:
la frente inclina
sobre su pecho,
y a su despecho,
siente sus brazos
lánguidos, débiles,
desfallecer.

Y vio luego
una llama
que se inflama
y murió;
y perdido,
oyó el eco
de un gemido

que expiró.

Tal, dulce
suspira
la lira
que hirió,
en blando
concepto,
del viento
la voz,

leve,
breve
son.

En tanto en nubes de carmín y grana
su luz el alba arrebolada envía,
y alegre regocija y engalana
las altas torres al naciente día;
sereno el cielo, calma la mañana,
blanda la brisa, trasparente y fría,
vierte a la tierra el Sol con su hermosura
rayos de paz y celestial ventura.

Y huyó la noche y con la noche huían
sus sombras y quiméricas mujeres,
y a su silencio y calma sucedían
el bullicio y rumor de los talleres;
y a su trabajo y a su afán volvían
los hombres y a sus frívolos placeres,
algunos hoy volviendo a su faena

de zozobra y temor el alma llena:

¡Que era pública voz, que llanto arranca
del pecho pecador y empedernido,
que en forma de mujer y en una blanca
túnica misteriosa revestido,
aquella noche el diablo a Salamanca
había en fin por Montemar venido!...
Y si, lector, dijerdes ser comento,
como me lo contaron, te lo cuento.

Fin

Libros a la carta

A la carta es un servicio especializado para
empresas,
librerías,
bibliotecas,
editoriales
y centros de enseñanza;
y permite confeccionar libros que, por su formato y concepción, sirven a los propósitos más específicos de estas instituciones.

Las empresas nos encargan ediciones personalizadas para marketing editorial o para regalos institucionales. Y los interesados solicitan, a título personal, ediciones antiguas, o no disponibles en el mercado; y las acompañan con notas y comentarios críticos.

Las ediciones tienen como apoyo un libro de estilo con todo tipo de referencias sobre los criterios de tratamiento tipográfico aplicados a nuestros libros que puede ser consultado en Linkgua-ediciones.com.

Linkgua edita por encargo diferentes versiones de una misma obra con distintos tratamientos ortotipográficos (actualizaciones de carácter divulgativo de un clásico, o versiones estrictamente fieles a la edición original de referencia).

Este servicio de ediciones a la carta le permitirá, si usted se dedica a la enseñanza, tener una forma de hacer pública su interpretación de un texto y, sobre una versión digitalizada «base», usted podrá introducir interpretaciones del texto fuente. Es un tópico que los profesores denuncien en clase los desmanes de una edición, o vayan comentando errores de interpretación de un texto y esta es una solución útil a esa necesidad del mundo académico.

Asimismo publicamos de manera sistemática, en un mismo catálogo, tesis doctorales y actas de congresos académicos, que son distribuidas a través de nuestra Web.

El servicio de «libros a la carta» funciona de dos formas.

1. Tenemos un fondo de libros digitalizados que usted puede personalizar en tiradas de al menos cinco ejemplares. Estas personalizaciones pueden ser de todo tipo: añadir notas de clase para uso de un grupo de estudiantes, introducir logos corporativos para uso con fines de marketing empresarial, etc. etc.

2. Buscamos libros descatalogados de otras editoriales y los reeditamos en tiradas cortas a petición de un cliente.

www.ingramcontent.com/pod-product-compliance
Lightning Source LLC
LaVergne TN
LVHW101929220826
846093LV00009B/398
* 9 7 8 8 4 9 0 0 7 7 1 8 4 *